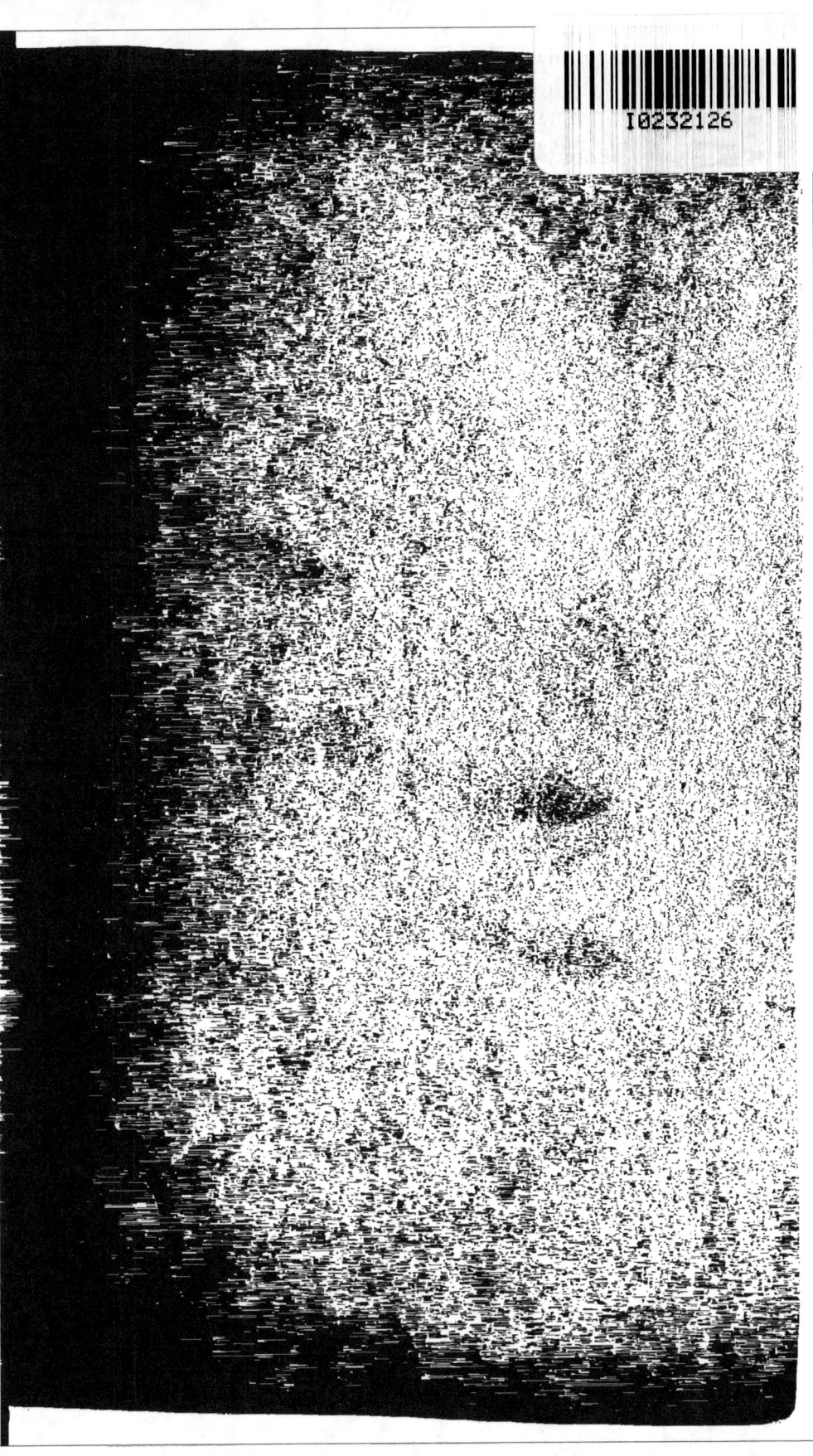

hommage de l'auteur

SUR

LES PRÉDICATEURS

DU CARÊME

A PARIS, EN 1835.

SUR

LES PRÉDICATEURS

DU CARÊME

A PARIS, EN 1835.

LETTRE DE LADY BREW... O'CL....R

A SES FILS EN IRLANDE.

TRADUITE DE L'ANGLAIS PAR N. E. G.........D.

PARIS.
AUGUSTE VATON, LIBRAIRE,
SUCCESSEUR DE M. POTEY,
RUE DU BAC, 46.

—

1835.

IMPRIMERIE ET FONDERIE DE A. PINARD,
QUAI VOLTAIRE, 15.

Nous avons obtenu, non sans peine, la permission de publier la lettre qu'on va lire. La modestie de la femme spirituelle et pleine d'instruction qui l'a écrite à ses enfans, n'a cédé qu'aux pressantes sollicitations de l'amitié, et à l'assurance qui lui a été donnée que ses réflexions pourraient être de quelque utilité. Mme Brew ***, irlandaise d'origine, a fait son éducation à Paris, ce qui lui a rendu très familière la langue française qu'elle écrit avec autant de pureté que la langue anglaise. Aussi, nous avons regretté de n'avoir pu la décider à se traduire elle-même. Le public y eût gagné, certainement. Nous pouvons rassurer, cependant, sur l'exactitude de notre traduction, en annonçant que Mme Brew.... l'a lue et en a été satisfaite.

« Lorsque la vérité est abandonnée et persécutée, il
« semble que ce soit un temps où le service que l'on
« rend à Dieu, en la défendant, lui est bien agréable. »

(Pascal, Art. XVII. Pensée 27.)

« Mon fils, reçois la science pendant que tu es jeune ;
« et la sagesse guidera tes pas jusqu'au temps où l'âge
« blanchira tes cheveux.

(Ecclésiastique, chap. VI, v. 18.)

« Mon fils, souviens-toi des leçons de ton père; ne
« perds pas de vue ce que t'a ordonné ta mère....... Que
« leurs paroles t'accompagnent quand tu promènes!
« Qu'elles veillent à tes côtés quand tu sommeilles!
« Quand tu es réveillé, converse souvent avec elles. »

(Prov. chap. VI, vers 20 et 22.)

Paris, mars 1835.

Je vais causer un peu longuement et un peu sérieusement avec vous aujourd'hui, et je pense néanmoins que je ne vous ennuierai pas ; vous savez, mes enfans, combien je vous aime ! Depuis notre séparation, il est peu de mes pensées qui ne soient à votre intention. Du reste, les soirées sont longues au château de Brew....., et si M. Peterson, qui doit prendre connaissance de cette lettre avant vous, le juge à propos, elle pourra tenir place d'une des lectures que vous avez accoutumé de faire avant de vous coucher.

Nous voici dans le moment de l'année où l'Esprit-Saint semble nous dire plus particulièrement, mes bons amis : « Souhaitez avec passion ma parole ; chérissez-la de toute votre ame, et vous possèderez la véritable science. » Un sujet grave ne doit donc point déplaire à ceux qui, comme vous et comme tous les bons Irlandais, aiment la religion des ancêtres qui est aussi la religion de vérité, et souffrent pour elle. C'est de l'état d'une des parties les plus brillantes et les plus utiles du ministère des prêtres catholiques à Paris, dans ce moment, que je veux vous entretenir. Je sais tout l'amour que vous portez à votre mère ; elle sait tout celui qu'elle a mis dans vos jeunes cœurs pour cette religion si sublime et si consolatrice, comment ne croirais-je pas que je vais vous être agréable?.

Les prédicateurs français, mes enfans, ont une réputation méritée ; n'en déplaise au docte rhéteur Hugues Blair, et à l'évêque Burnet; ils sont bien plus éloquens que les prédicateurs anglais et que tous ceux des communions protestantes, sans exception. M. Peterson pourra vous appuyer cette assertion, et, je l'en prie, du témoignage si recommandable du chancelier Bacon et de celui très peu suspect de Hume. Et par éloquence, vous pensez bien, vous surtout, James, je n'entends pas cet assemblage de mots sonores et redondans que l'on dit faussement en Angleterre être inséparables des sermons français, mais la saine dialectique, unie à des expressions justes, élégantes, qui parent et aident le raisonnement, loin de l'affaiblir ou l'*allanguir* [1].

Des personnes sages, qui croient bien connaître ce pays-ci, m'ont assuré qu'il s'y opérait une réaction très sensible vers les idées catholiques, comme si, mes enfans, après les exemples d'irréligion donnés par la France vers la fin du xviiie siècle, et dont elle a elle-même subi les fatales conséquences, elle avait

---

Make languishing.

enfin frayeur de l'abîme qu'elle voit à ses pieds, la gueule béante. Ma qualité d'étrangère et le peu de temps que j'ai passé en France, cette année, ne me permettent pas de décider cette question; mais si je m'en rapportais à mes propres observations et aux conversations de société, malheureusement je me verrais obligée de me prononcer pour une opinion moins consolante. En général, je vois du zèle religieux dans la portion de jeunesse sortie des écoles ecclésiastiques, détruites en très grande partie aujourd'hui en France; je n'en vois en vérité, et quel malheur, mes enfans! que là. Chez le reste de la jeunesse, quand elle n'appartient pas aux hautes classes de la société qui ont pu l'entourer de soins particuliers, c'est pitié de voir à quel point est éteint le sentiment religieux [1]. On vous dit ici à chaque instant : Voyez comme tel jour l'église

---

[1] Celui qui écoute s'établit juge de celui qui prêche pour condamner ou pour applaudir, et n'est pas plus converti par le discours qu'il favorise, que par celui auquel il est contraire.

(LABRUYÈRE.) « N. du T. »

était remplie! Et ce que souhaite l'ame pieuse elle le croit; elle s'est réjouie de l'affluence de ceux qui se pressaient dans le temple, et elle n'a pas fait attention que ce jour-là un orateur de quelque renom se faisait entendre; ou que l'église de Saint-Roch devait donner sa plus belle musique, ou que quelques nobles dames avaient convié toute l'élite de la société à un acte de charité, et que la foule voulait voir le coup d'œil. Tristes réflexions, mes bons et chers enfans! Mais c'est la vérité que je veux vous dire avant tout; et ne savez-vous pas d'ailleurs que la puissance et la justice de Dieu se manifestent parfois sur les peuples en étendant le bras du châtiment. Plaise au ciel que je sois dans l'erreur! Mais il me semble que ce qui domine par dessus tout dans le monde parisien et dans l'esprit français, c'est une indifférence assez marquée pour toute espèce de religion. Après cela, ne peut-on pas dire que l'ardeur du clergé, son zèle incontestable, et la foi vive d'un petit nombre de fidèles, peuvent d'un moment à l'autre déterminer un mouvement catholique? Je le pense. Mais que de peines, que de modèles éclatans pour arracher l'indifférent à son dangereux sommeil ! lui qui ne peut plus sentir que bien rarement et bien faible, ce précieux et redoutable aiguillon de la conscience qui tourmente toujours le Voltairien et le Hobbiste, et qui se fait sentir bien souvent, sans doute aussi à l'anglican comme au calviniste de quelque lumière intellectuelle. L'enfant qui dort sur la margelle du puits de sa basse-cour, est plus en danger encore que celui qui court, imprudemment échappé à la surveillance de son gouverneur, à travers la campagne.

Du reste, mes enfans, si la foi ne pénètre pas dans la société française il faut que Dieu soit bien irrité contre elle, car depuis long-temps on n'a vu un zèle si altéré de la part de ses évêques et de celle de son bas clergé pour sa propagation. Il y a de vrais apôtres parmi les prêtres français. Peut-être qu'à la fin, le semeur pourra voir une abondante moisson mûre tomber sous sa faucille ; peut-être que cette foule de curieux qui remplit ici les basiliques dans le temps du carême, ouvrira enfin les yeux à cette lumière qu'on lui présente avec une si constante persévérance.

Dans l'église de Saint-Roch, la plus riche, et j'oserais presque dire la plus mondaine de Paris, mes enfans, tant il est ordinaire d'y rencontrer des promeneurs qui n'y donnent d'autre marque de respect, que de tenir leur chapeau à la main au lieu de l'avoir sur la tête, le prédicateur du carême est M. l'abbé *Cœur;* homme nouveau ici dans la chaire, mais qui y est arrivé précédé d'une réputation faite, trop faite peut-être, parce qu'il est rare qu'un homme, à moins d'être colossal, puisse satisfaire aux exigences de ce que l'imagination l'a créé sur la foi d'une renommée d'enthousiasme. Après le prédicateur du carême à Notre-Dame de Paris, c'est celui de Saint-Roch qui attire le plus grand concours d'auditeurs. Son éloquence chaleureuse, sa verve de conviction, font oublier à ses admirateurs un extérieur plutôt audacieux que digne, un geste comme saccadé et qui serait très monotone s'il n'était un peu effacé par la grande force d'expression de l'orateur ; une prononciation grasseyante, peu soignée, qui, malgré la puissance d'un poumon robuste, ne permet pas aux paroles de se faire entendre distinctes, au delà de la portée d'une voix pure de médiocre étendue. Ce que l'abbé Cœur a de mieux, et c'est beaucoup, c'est qu'il est logique. Une certaine solennité de période lui donne aussi de temps à autre une influence marquée sur son auditoire, influence qui, je le crains fort dans ces circonstances, est une surprise de *brillantage*. Je voudrais que cet ecclésiastique pût dérober aux soins du ministère quelques mois, pour se livrer à la direction d'un maître dans l'art de prononcer, comme il en existe un ou deux seulement à Paris; qu'il voulût bien aussi écouter quelques conseils sur son action oratoire, sur son style qui vise trop à l'effet, et alors je ne doute pas qu'il ne devînt un orateur d'exception, sinon une illustration de la chaire. Mais commander au talent de s'astreindre à ce qu'il pense peut-être n'être que très secondaire, c'est exiger beaucoup, et ce n'est pas son *auditrice* irlandaise qui ira lui demander de se remettre à l'école.

Le plus beau sermon que j'aie entendu de l'abbé Cœur, est un sermon sur la vérité catholique. Plein de force et de raison, il a abordé de front, et avec la confiance de son droit, cette belle et importante question fondement de toute croyance, de toute morale, et il en a logiquement et rigoureusement déduit des conséquences inattaquables. Il a fondé un édifice d'une belle et imposante solidité, sur lequel il peut sans crainte, aux yeux de la raison la plus sévère, construire une suite d'étages, pour me servir d'une expression vulgaire mais expressive, par lesquels il lui sera permis de conduire pendant le cours de son carême, jusqu'au ciel, pour ainsi parler, sans crainte de désastre chemin faisant, toute personne conséquente qui voudra le suivre dans sa marche chrétienne. Certes, une chose m'étonne, mes enfans, quand j'entends proclamer ces hautes et fécondes vérités du haut de la chaire évangélique, c'est que ce flot d'hommes en général de quelque portée d'esprit, qui inonde le temple, n'en sorte pas plus pur et plus limpide; mais, « incens'd with indignation Satan stood ,, » j'ai pourtant foi, moi, dans l'avenir et je me console parfois, avec ces paroles d'espérance que j'ai entendu répéter bien souvent à notre brave ami, l'homme des anciens temps comme vous dites, John : *Dieu voudra, Dieu voudra.*

Saint-Thomas-d'Aquin est l'église la plus élégante et la plus riche, quant à sa composition d'habitués, de la partie sud de Paris, comme Saint-Roch l'est de la partie nord. Vos cartes, chers amis, et le souvenir de mes conversations, vous suffisent assurément pour vous très bien orienter dans ce pays-ci. L'église de Saint-Thomas-d'Aquin est donc placée dans la portion du faubourg Saint-Germain, habitée par la plus haute aristocratie de France, les vieilles familles, les grandes illustrations. Là, il s'est conservé et plus de religion dans une notable partie des paroissiens, et chez tous une habitude de ce qu'on appelle ici la *pratique* à laquelle ils ne sauraient se soustraire, sans manquer aux convenances et au

---

' *Paradis Perdu*, livre II, vers 707.

bon goût, les deux puissances les plus fortes de toute la société française. Dans ce faubourg, toutes les femmes nées au sein de l'église ne manquent jamais à la messe le dimanche ; beaucoup d'hommes en agissent de même.

Quelle réflexion, mes enfans, que celle-ci, pour vous qui n'avez jamais connu un seul de vos concitoyens manquant à ce devoir sacré !

Une somme de paroissiens donnée, Saint-Thomas-d'Aquin est l'église de Paris qui a le plus de communians, et, dans le nombre, il y a des piétés vraiment exemplaires et profondément solides. Parmi quelques têtes écervelées, quelques folles du monde, comme il s'en trouve partout, qui se font traîner à la messe à demi éveillées, à une heure après midi, on trouve aussi des femmes fortes, de ces femmes éprouvées, chez qui la fréquentation de toutes les cérémonies solennelles de l'église est rehaussée par un grand nom noblement porté, et par tous les avantages de la fortune, de la naissance, d'une instruction solide. La princesse de B., la comtesse de M., la jeune comtesse de T. , MM^es de B. et de Mo. , jeunes sœurs d'une grande piété, sont de précieux et imposans exemples à citer entre beaucoup d'autres. Parmi les hommes, je trouve d'aussi éclatans hommages rendus à cette auguste croyance qui, seule ici-bas, mes enfans, satisfait à notre destinée.

Cette paroisse est aussi très bien pourvue, cette année, pour la prédication du carême. Le prêtre qui en a reçu la mission est un homme qu'on y connaît depuis plusieurs années, et qui y jouit d'une très grande estime et d'une faveur méritée. Son nom est très connu à Paris, et probablement dans la France entière. Quand il prêche, l'église, pas très grande il est vrai, mais cependant de proportion convenable, est pleine jusqu'aux portes.

C'est l'abbé de Guerry.

Grand, homme d'une forte constitution, d'une figure mâle quoique blonde, soigné dans sa mise, dans sa chevelure ; ce prêtre semble s'être aperçu qu'il avait à se montrer devant un public élégant, qui ne dédaigne pas une certaine recherche dans son prédicateur. Il plaît par ces avantages extérieurs, il plaît par la tenue d'une conduite irréprochable, il plaît surtout par une action et un débit très chaleureux. Tous ses discours sont écrits, trop évidemment écrits, osai-je dire. Il n'en est guère dans son assez nombreux répertoire qui ne contiennent quelques uns de ces mouvemens impétueux et d'effet, que son organe vibrant et d'une énergique sonorité sait mettre habilement en relief. Il y a des momens pendant lesquels il enlève tous les suffrages ; ses apostrophes sont véhémentes, pour la plupart attaquées avec noblesse et autorité, et il a des descriptions qui ne manquent point de richesse de style. En résumé, il passe et il peut passer pour posséder plusieurs des belles qualités de l'orateur.

Voici les reproches que la critique pourrait faire à cette célébrité de la chaire.

Son organe manque de souplesse en général. Quand il commence un discours, sa parole n'arrive qu'enveloppée dans une certaine rudesse de prononciation, qui produit une impression presque pénible sur l'auditeur; il est vrai qu'en s'échauffant elle reprend un beau timbre; mais après des morceaux parfaitement bien dits, on est étonné, et l'on éprouve un sentiment désagréable en la voyant vibrer sur des cordes âpres, sourdes, qui manquent de justesse d'intonation. On trouve encore que l'abbé de Guerry pose parfois d'une façon théâtrale et peu digne. Sans doute l'orateur parfait est un être pour ainsi dire d'imagination; mais il est de fait qu'ici les études préliminaires de l'importante et sublime éloquence de la chaire sont très négligées. On ne paraît pas concevoir que l'action d'un orateur chrétien ait besoin d'un travail opiniâtre aussi bien que celle des orateurs profanes, et que cette majestueuse simplicité du prêtre annonçant l'évangile que possédaient ceux des Pères de l'Eglise, dont l'histoire nous apprend les succès évangéliques, ne s'obtenait souvent qu'à force de veilles et d'assiduités, qu'avec l'ardeur de l'étude de certaines règles qui guident le génie et lui font tirer tout le parti possible de ses facultés. Saint Grégoire de Nazianze, et surtout saint Jean-Chrysostôme, le premier des orateurs peut-être de tous les temps et de tous les lieux, sont assurément d'assez beaux modèles à imiter; et pourtant de quel art, de quelle science des choses qui peuvent embellir et rendre plus agréables les vérités de la religion, n'ont-ils pas paré leur éloquence? Pour ce qui regarde le fond, la substance des discours de M. l'abbé de Guerry, tout en leur trouvant, comme je vous l'ai dit, mes enfans, de belles parties, j'ajouterai qu'ils m'ont paru un peu inégaux de style et de pensée. Je m'explique : ces sermons ne paraissent pas composés sous l'influence d'un esprit parfaitement maître de son sujet; des réminiscences s'y font trop sentir, de très beaux passages qui se suivent ne se montrent pas assez de la même famille. Quant à la touche, on dirait des mains différentes qui ont travaillé à un seul tableau, qui n'ont pas absolument conçu l'ensemble de la composition de la même manière, et qui n'ont pas une égale habitude de traiter la dégradation des couleurs et le clair-obscur. Pour parler sans figure, je crois que le talent de M. de Guerry pèche un peu par l'ensemble, et quand il travaille sur des idées et des développemens qu'il puise, du reste, toujours aux bonnes sources, il ne met pas assez de soin à fondre dans un style qui se montre sorti de la même plume, ce qu'il juge à propos d'emprunter.

Il faut vous dire que cet orateur dont je viens de vous esquisser les qualités et les défauts, a, plus que tout autre, après l'abbé Lacordaire dont je vous parlerai plus tard, ses admirateurs ou plutôt ses admiratrices exclusives, et, l'on peut dire, passionnées, tant elles sont intolérantes dans les discussions qui s'élèvent quelquefois au sujet de leur prédicateur d'affection. Comme la doctrine est très pure, cela n'a d'inconvénient que pour le goût, et le goût chez bien des Français, c'est la mode.

J'ai écouté avec un grand plaisir et beaucoup d'édification, M. l'abbé Dumarsais à l'église des Missions étrangères, église qui n'a rien de commun, comme vous pourriez le penser, mes enfans, avec le célèbre séminaire où l'on enseigne avec tant de succès les langues de la Chine et de l'Indoustan (seul lieu de la France où par parenthèse on les sache parler; c'est un fait), rien que d'être attenant à la demeure des savans missionnaires et d'en avoir autrefois été une dépendance. Aujourd'hui c'est une église de second ordre, ou, comme on dit ici, une succursale. L'abbé Dumarsais a aussi, lui, un auditoire assez choisi; mais le lieu qui le reçoit étant circonscrit dans des bornes très étroites, ce n'est pas sans peine que j'ai pû trouver une place les deux seules fois que j'ai assisté à ses sermons. On dit que la ferveur y est moins grande qu'à St.-Thomas-d'Aquin : cela ne paraît pas, à la foule qui se presse. Mais hélas! il peut y avoir là encore une conséquence de la plaie que je vous ai signalée.

Je vous dirai que je fais crier contre ma barbarie irlandaise quantité de femmes, beaux-esprits du faubourg Saint-Germain, en proclamant, chaque fois que l'occasion s'en présente, l'abbé Dumarsais un des hommes qui remplit le mieux, à Paris, les conditions de la prédication évangélique. C'est un homme d'entre trente et quarante ans. Avec une dignité douce, il montre une grande simplicité de manière. Ce n'est point ce qu'on appelle dans les salons, un beau prédicateur. Simple aumônier d'un pensionnat de jeunes personnes, établi sous l'empereur Napoléon, et continué depuis, en faveur des filles de militaires décorés de l'ordre de la Légion d'honneur, il n'a point eu de prôneurs ni de louanges anticipées. On le doit à la sollicitude seule du curé des *Missions*, homme de mérite lui-même, et orateur abondant et facile, dit-on, qui a rendu un service véritable, selon moi, à la religion en faisant connaître son prédicateur.

L'abbé Dumarsais a une figure douce et mortifiée, son aspect est simple et modeste. Son débit a de l'onction, ses inflexions de voix toujours justes sont d'accord avec ses paroles nourries de l'esprit des livres saints. Il allait à l'ame dans son sermon sur le ciel [1]. Il ne faut point chercher dans cet orateur de ces mouve-

---

[1] L'auteur de la lettre, qui a entendu depuis une autre fois l'abbé Dumarsais, convient avec nous qu'il croit avoir un peu flatté le portrait qu'il a tracé de lui, tout en continuant d'apprécier, ainsi que nous, les qualités de ce prédicateur.—N. du T.

— 19 —

mens impétueux qui exaltent la tête sans remuer le cœur, de ces tonnerres, comme on dit ici, qui font presque crier : c'est superbe, admirable, ravissant, au milieu de l'église, et qui sont, de moitié avec un chanteur de théâtre, le sujet de la conversation d'une duchesse avec les *dandys* le soir dans sa loge au théâtre des Italiens ; mais on y trouve cette parole douce et captivante qui descend comme une rosée féconde dans le cœur malade, qui touche à ses plaies sans trop les faire souffrir, qui indique les moyens de guérison sans effrayer, qui fructifie, en un mot, et qui vous laisse des pensées qu'on se sent le besoin de nourrir quoiqu'on en ait. J'ai été bien contente de l'abbé Dumarsais. Je ne lui reproche bien positivement qu'une chose, c'est de n'être pas assez sûr de sa mémoire, pour laisser son regard sur ses auditeurs dans des momens où l'effet le commanderait.

Voici venir un talent que je crois plus complet que ceux dont je viens de vous entretenir, malgré leur mérite incontestable. Celui-ci, j'ai vivement regretté que vous ne fussiez là pour l'entendre, cher James, et vous aussi, mon John, vous dont l'âge aussi et la petite instruction, déjà très convenable comme vous le dites assez aimablement, vous mettraient à même de tirer profit d'une éloquence qui s'adresse plus particulièrement aux jeunes gens.

C'est à Notre-Dame, la première et la plus vaste des églises de Paris, que se fait entendre l'abbé Lacordaire. Disciple chéri d'un homme célèbre dans le monde catholique, et par son talent d'écrivain et par l'audace de ses doctrines, du prêtre Lamennais, il a pendant longtemps soutenu de sa jeune réputation, et de toute l'énergie de son caractère, le maître qu'il s'était choisi. Heureusement pour la nombreuse jeunesse ecclésiastique et laïque de France, qui voyait dans le novateur éloquent qui la séduisait, un astre d'autant plus sûr qu'il éclatait de plus de feux, cet homme habile, savant entre tous, s'est mépris cependant, et Dieu a permis qu'il fît un livre tellement hors des voies de l'Église, et je peux dire, de la morale des peuples, que tout ce qui parmi ses adeptes était attaché de cœur aux croyances catholiques, n'a pu s'empêcher d'être étonné d'abord, de chercher ensuite la solution de l'énigme du maître, et enfin de découvrir dans le brillant soleil dont leur vue avait été ravie, un astre maculé, un astre déchu de sa splendeur première. Si vous aviez lu, mes enfans, les admirables pages sorties autrefois de la plume de M. l'abbé de Lamennais, vous verriez vraiment comme moi dans sa personne un frappant exemple de la déchéance du génie, quand, abjurant les principes éternels, il ose, téméraire, se retrancher derrière le rempart de l'orgueilleux *moi* humain, et revêtir à la place du pallium protecteur de l'autorité catholique, le manteau de la doctrine du sentiment individuel. L'homme a beau avoir grandi sous l'aile de la foi, qu'il la quitte cette aile protectrice, il perd en quelques instans toute sa chaleur vitale et redevient de fort et puissant qu'il était, faible comme un petit enfant. Oui, faible comme un petit enfant...; mais moins pur, moins heureux que celui qui n'a fait qu'essayer de la vie; car à lui l'avenir, à l'autre... qui sait?... L'orgueil, mes enfans, est bien difficile à déraciner du cœur qu'il a envahi. Nous avons lu ensemble Milton, rappelez-vous ses sublimes et redoutables tableaux.

Parmi les jeunes hommes, forts d'avenir et puissans par la parole que la religion pleurait de voir enrôlés sous la bannière de l'illustre fauteur du schisme, il en était un qui faisait saigner plus que les autres encore le cœur de l'autorité pastorale: c'était ce jeune Lacordaire dont je vous entretiens en ce moment. Aussi, mes enfans, quel jour de bonheur pour le vénérable archevêque de Paris, que celui où le jeune et fier orateur, se dégageant avec éclat des chaînes d'une amitié d'autant plus dangereuse qu'elle portait avec elle tout le prestige de la gloire, il a cessé d'être le prédicateur d'une école philosophique, pour redevenir celui de la religion de son prélat et par conséquent de l'Église universelle ! Ah ! mes enfans, mes chers enfans, vous qui connaissez ma tendresse, mon amour pour vous, supposez, à Dieu ne plaise que ceci puisse jamais être même l'ombre d'une réalité, supposez qu'un de vous ait désolé mon cœur de mère, celui de votre digne père, en nous abandonnant, en se donnant, que dirai-je? à une mère, à un père qui ne seraient pas les siens; et supposez aussi ensuite le moment où, détrompé d'une folle et mensongère illusion, il retomberait dans nos bras, il recevrait nos embrassemens, mêlerait ses larmes aux nôtres et son repentir heureux à notre joie sans bornes..... Si vous pouvez vous figurer notre bonheur commun dans une semblable circonstance, vous pourrez concevoir le jour où le front humilié du jeune prêtre s'est baissé sur la main bénie du prélat, et où ces deux nobles cœurs ont confondu les distances du rang qui les séparait dans le mutuel embrassement de la charité chrétienne. L'évêque, m'a-t-on dit, était beau comme un triomphateur, le prêtre avait grandi de toute la hauteur qui sépare la plus brillante erreur de la vérité la plus simple. On a conté que le prélat avait dit dans son effusion : Il me faut toute ma raison pour ne pas me réjouir d'une faute qui me cause une si douce joie, et que le jeune homme s'était écrié avec émotion : La conscience ne trompe pas, la mienne me criait : *Cherche le Seigneur tandis qu'il se trouve.* En ce moment, elle me dit de plus encore : Un père te pardonne, il te faut lui montrer que tu voulais bien ton pardon. — A la suite de ces paroles de chrétien, l'archevêque de Paris désigna l'abbé Lacordaire pour prêcher le carême dans son église métropolitaine.

C'est un très ancien et très beau vaisseau gothique que Notre-Dame de Paris, mes enfans : œuvre de ce moyen-âge, dont nous avons plus d'une fois ensemble admiré les merveilles, en Écosse et en Angleterre, il parle bien au cœur. Le langage des souvenirs de la France historique et religieuse y est écrit sur chaque pierre. Hier, 15 mars, je m'y suis rendu pour entendre le second sermon de carême de l'abbé Lacordaire. J'y étais deux heures avant qu'il dût commencer, et j'arrivai presque trop tard. La nef, aussi grande que celle de la cathédrale d'York, au moins, était pleine d'hommes déjà qui se pressaient les uns les autres, pour arriver le plus près possible de la chaire. Je n'ai jamais vu nulle part, dans aucun pays, un auditoire aussi nombreux. Le prédicateur s'adressant particulièrement aux hommes, toute la nef leur a été réservée, et mes efforts, ceux du marquis de V., pour arriver dans l'enceinte des élus, ont été inutiles : il m'a fallu m'établir contre un des piliers des grandes ogives, et là, prier ou m'ébahir de l'affluence des admirateurs du talent du prédicateur, grossissant à chaque instant, envahissant toute la partie des bas-côtés, d'où l'on pouvait former quelque espoir de voir arriver jusqu'à soi quelques uns de ces mots dont on est si avide, ou encore, car il y a eu du temps pour tout, promener mes regards sur ce beau travail des temps de foi générale, de ces temps où le zèle infatigable des chrétiens ne savait point se rebuter pour mettre 150 ou 200 ans à élever ces gracieuses colonnelles qui, d'étage en étage, semblent vouloir porter jusqu'aux pieds de l'Éternel la parole sainte qui retentit sous les voûtes aux mille arceaux qu'elles supportent.

Mais voici que les rangs serrés, qui n'offraient plus une place vide, attendaient dans un calme religieux, prêts à écouter depuis quelque temps, quand tout à coup un léger frémissement a succédé au long silence de l'attente. Il a couru comme l'esprit de Dieu à travers la nombreuse assemblée [1], et en me levant, grâce au barreau de ma chaise et à ma taille élevée, j'ai vu d'un côté le vénérable archevêque, prélat d'une noblesse et d'une gravité épiscopale singulières, mais au front duquel s'attache, comme un stygmate de demi-martyr [2], me disait une française, qui rehausse singulièrement ses vertus et son mérite incontestés. Un clergé nombreux est venu avec lui, la croix leur ouvrant un passage dans la foule, prendre place vis-à-vis la chaire. De l'autre côté, presque au même instant, est apparu dans cette chaire un prêtre, à qui malgré ses trente ans et plus, on en

---

[1] It has run like the spirit of god through the crowded audience.

[2] But on whose front is fixed a sort of stygma of a demi-martyr.

saurait donner à peine vingt à vingt-quatre. Après un léger murmure approbateur, qui a été plutôt dans le mouvement de satisfaction simultané d'un si grand concours, que dans les paroles que le respect du lieu ne permettait guère d'échanger, le silence, une attention profonde ont régné. L'orateur, petit, brun, porte les cheveux comme on les porte dans le monde; il montre une assurance modeste, sa physionomie est pâle; rien chez lui n'annonce la force physique, et les paroles premières qu'il prononce ne peuvent être entendues que du petit nombre de ceux qui sont tout près de lui. Pourtant on voit de l'ame dans ses yeux qui s'élèvent à peine sur l'auditoire; on devine de l'ame sous cette frêle enveloppe; sur ce front pâle on lit quelque chose; encore quelques instants, la parole s'élèvera, elle s'animera sous l'influence d'un sang ardent, d'un cœur chaud.

En effet, se contentant d'exposer avec lucidité l'objet de son discours, il dirait lui de sa conférence, aucune intention saillante, impérieuse, sauf quelques éclairs qui trahissaient l'imagination, ne s'est montrée ni dans l'exorde où l'orateur a annoncé son dessein de développer l'admirable et perpétuelle constitution de l'Église de Jésus-Christ, ni dans la première partie dans laquelle il a marché et appuyé sur une logique toujours claire, mais qu'on aurait pu parfois peut-être désirer plus serrée. Mais lorsque abandonnant le raisonnement théologique, il s'est avancé sur le terrain de la tradition, sur celui de l'histoire, sur celui d'une haute raison, alors l'homme éloquent s'est révélé à tous les yeux. Grandissant avec chaque pensée heureuse, dont il poursuivait le développement tour à tour avec un tact habile ou avec un entraînant abandon, il a montré, belle comme la vérité, majestueuse comme le temps, cette hiérarchie catholique, création si divine, si impérissable monument de la perpétuité de la foi qu'elle enseigne. Il était beau vraiment celui qui faisait si bien résonner jusqu'au fond de toutes les ames l'écho de sa parole enflammée! Oui, mes enfans, oui, j'ai regretté un instant plus que jamais que vous ne fussiez à mes côtés, aussi vous sous le baptême du génie[1]. Un apôtre pénétré, un homme éloquent par la vérité et pour la vérité, ah ! c'est un des plus enviables spectacles qu'il soit donné à notre nature de contempler ici-bas.

Je regrette vivement que les bornes d'une lettre, mes enfans, ne me permettent pas de vous transcrire ici quelques uns des mouvemens vraiment oratoires de l'abbé Lacordaire; il a eu des paroles qu'on n'oublie pas, et de ces images pittoresques qui gravent sur l'ame en ineffaçables caractères. Je ne sais si j'ai jamais entendu parler de la sublime vertu de chasteté avec des paroles plus chrétiennes et plus persuasives. La jeunesse se passionne pour son prédicateur et elle a raison ; car c'est bien là l'homme qu'il faut pour parler à l'âge des orages; c'est bien l'homme d'entraînement de cœur, puissant pour entrer dans les sentimens généreux, pour remplacer les passions mauvaises par de vertueuses et nobles passions; enfin, pour trouver en lui assez d'autorité pour dire

[1] And you too under the baptism of genius.

à ses jeunes auditeurs : Messieurs, cette vérité que je vous fais entendre, elle peut remplir le cœur le plus difficile à satisfaire, elle peut élever dans votre sein un monument plus jeune, plus riant, plus fécond en accidens heureux, que tous les inutiles rêves dont vous saurait bercer l'illusion avec ses prestiges, vos vingt ans avec le charme de leur fraîche et légère imagination.

Et la jeunesse de Paris, jeunesse souvent si peu chrétienne, bien loin de se révolter contre des principes qu'elle ne viendrait point entendre sortir d'une autre bouche, s'écrie : Il est admirable, il est parfait! On ne saurait trop venir pour l'écouter.... *Dieu voudra, Dieu voudra* peut-être un jour qu'elle s'écrie avec un égal enthousiasme : Il dit vrai, il faut faire ce qu'il dit. Enfans, il est si rare, il est si beau d'être conséquent, et de pratiquer ce que l'on croit. Ce n'est qu'alors qu'on est véritablement homme.

Une observation que je ne veux pas laisser échapper, et qui vous servira à apprécier le prédicateur dont je vous entretiens avec un peu trop de chaleur peut-être, parce que je ne fais que sortir de dessous son charme et parce qu'aussi je ne lui trouve que des admirateurs; c'est qu'il est remarquable en ceci, qu'il a dans son style et dans sa façon de revêtir et de présenter ses pensées quelque chose tout-à-fait de son époque, de carastéristique. L'éloquence de la chaire ici, chez les autres ecclésiastiques, a un style convenu, un style d'imitation des grands modèles chrétiens, qui a ses beautés très grandes dans les hommes de premier ordre et dont les ames pieuses aiment à entendre les accens dont elles connaissent pour ainsi dire, les habitudes exclusives ; mais quand un orateur, mal habile ou inexpérimenté, fait entendre la sainte parole avec ces formes anciennes et respectées, bien souvent la langueur, la monotonie accompagnent le débit, laissent l'auditeur froid suivre sans émotion, par routine plutôt qu'avec intérêt, le développement ennuyeux du point de morale sublime, ou du dogme qui vient du ciel. C'est ce qu'a senti l'abbé Lacordaire, c'est ce dont on lui tient compte; et ce langage nouveau dans lequel il traduit les vérités éternelles est, je n'en doute pas, pour beaucoup dans ses brillans succès. Sa hardiesse est telle dans cette inovation, qu'il est arrivé quelquefois qu'on a craint qu'il n'échappât pas à l'abus. Moi-même je l'avoue, j'ai été comme choquée de certaines expressions telles que celles-ci : Les philosophes d'Athènes parlaient entourés des odeurs des fleurs des beaux jardins dans lesquels ils enseignaient, *des odeurs de l'amitié;* et j'ai cru avoir mal entendu, mais plusieurs personnes m'ont affirmé avoir compris comme moi. Je craindrais encore devant d'autres que devant vous, chers amis, de dire que quelques phrases ambitieuses font tâche dans les belles improvisations de notre orateur favori, et que ses comparaisons, quoique justement appliquées, n'ont pas, quant au fond, cette variété que mon goût, assez difficile il est vrai, regarde comme un des charmes de l'art de la parole[1]. Après tout, que fait un

« [1] Mais, où Dieu se trouve mêlé, jamais les comparaisons « tirées des choses humaines ne sont qu'imparfaites. »
(Bossuet, Disc. sur l'Hist. univ.) — *N. du T.*

léger nuage passant sur le soleil? Il adoucit un instant la vivacité des rayons du roi des astres, repose l'œil, pour le laisser jouir ensuite avec plus de plénitude du spectacle merveilleux, de ses torrens de lumière inondant la nature.

Chers amis, je vous ferai entendre, ou je ne pourrai, le prédicateur Lacordaire, votre foi en sera raffermie : l'année prochaine, selon toute apparence, surtout si notre Irlande ne voit point s'ouvrir pour elle dans la session du parlement actuel un meilleur avenir. Une mère qui peut mettre ses enfans face à face avec un éloquent chrétien, ne doit pas s'en dispenser sans s'exposer à des regrets.

Il me resterait encore plus d'une réputation de la chaire à examiner avec vous, chers amis, si je ne craignais de juger avec trop de précipitation. Je veux de l'esprit français, bien des qualités que j'aime et que j'estime ; mais pas trop de son engouement électrique, qui fait qu'il arrive si souvent qu'on pourrait lui appliquer ces deux vers traduits d'un ancien :

Il défait et refait sans rien faire à son gré;
Ce qu'il a voulu rond, il le voudrait quarré[1].

Mais trêve de malice d'observateur de société, surtout; elle irait si mal à mon sujet.

Une autre raison qui m'empêche de m'arrêter aujourd'hui à vous parler des autres prédicateurs du carême de Paris cette année, c'est qu'ils appartiennent, pour la plupart, à des paroisses de cette cité, et que je prendrais d'avance sur un sujet que je vous réserve pour une autre fois. Il faut pourtant vous dire quelques mots d'un abbé Thybault, qui, pour faire moins de bruit que ceux dont je vous ai entretenus, ne laisse pas de mériter une mention dans ma lettre. . . . .
. . . .

De Notre-Dame, de la grande convocation des enfans du siècle, je voudrais vous conduire, mes bons amis, dans un séjour de calme et de paix, dans la maison du bonheur modeste, de la piété tendre, des vertus cachées, au milieu d'un cloître. . . . .

[1] Horace.

Dans la jolie chapelle, seul orgueil avec les jeunes élèves qu'elles envoient dans le monde parées de toutes les graces des qualités aimables de l'esprit et du cœur, dans la jolie et fêtoyante chapelle, dis-je, des dames du Sacré-Cœur, je voudrais vous faire trouver une petite place; là, dans la toute petite tribune latérale, seul coin que les nombreuses sœurs et leurs élèves plus nombreuses encore, peuvent laisser au désir des mères qui veulent s'édifier en entendant les offices chantés par leurs filles ou aux personnes du monde qui veulent vivre quelques instans de la vie des anges. Après des cantiques exhalés des cœurs des jeunes vierges en concerts délicieux, vous auriez le bonheur de voir un vertueux prêtre parler aux saintes filles du cloître le langage du ciel, faire entendre aux cœurs de leurs jeunes élèves des paroles d'espérance et d'amour, de ces paroles comme la religion du Christ seule sait en donner : douces comme le miel pour les petits enfans, consolantes comme l'espérance, aimables et gracieuses comme la foi, limpides comme l'eau sortie du rocher sous la verge de Moïse, fleuries comme les rameaux qui poussèrent dans l'arche.

Ce prêtre s'appelle, je crois, l'abbé Thybault. D'où vient-il? je n'en sais rien, et qu'importe; il touche, il attendrit: je l'ai vu.

Il sait quel son résonne le mieux sur une ame de femme; il tient attaché à ses paroles une jeunesse pieuse; il dit comment on sert Dieu, comment on l'aime à quinze ans, comment on doit l'aimer plus tard; il sait réjouir le cœur des vierges avec des effusions pieuses, comme il sait rendre heureuses les mères de contempler leurs filles se plaire à ses discours de vertus! Je l'ai vu, ce bon prêtre, semer dans un champ qui ne demande qu'à produire. Sa peine est moins grande sans doute que celle de celui qui travaille sur le terrain ingrat du monde; mais que d'avenir il crée! que de familles devront leur bonheur aux émanations bienfaisantes de sa charité! que de mères un jour prendront la main de leurs tout petits enfans, pour la promener avec les signes consacrés sur des fronts et sur des poitrines ingénus, en leur disant: Priez pour lui; car ils

nous apprit à bien aimer Dieu, ce Dieu qui nous fait bonnes mères, comme il vous fera de bons et tendres enfans. . . . .
. . . .

Si après s'être prosterné devant la majesté de l'impétueux torrent des Alpes, ou devant celle plus imposante, de l'immense voix de l'Océan parlant son plus sublime langage, on peut aimer encore la paisible et douce mélodie du ruisseau qui s'en va, ignoré, sous ses saules ombreux : oh ! sans doute aussi il est permis de se plaire aux simples et touchans entretiens, aux expansions *fénéloniques,* si je puis m'exprimer ainsi, de la modeste voix qui se renferme dans l'enceinte du cloître, même après qu'on a pu admirer les brillans orateurs de Saint-Thomas-d'Aquin et de Notre-Dame de Paris. Et la religion n'embrasse-t-elle pas tous les degrés de l'échelle du génie? le « Que la lumière soit, et la lumière fut » de la Genèse, et les mots de l'évangile : « Laissez approcher de moi les petits enfants; » les naïves peintures de la vie patriarcale et le sermon de la Montagne ; les prophétiques inspirations d'Isaïe et la douloureuse complainte des enfans de Sion s'asseyant et pleurant aux rives étrangères, et celle plus touchante peut-être et plus déchirante encore d'une mère.... de cette Rachel, se laissant aller à toute la désolation de son cœur parce que ses fils *ne sont plus*.

Vous voyez, mes bons amis, je voulais ne vous écrire que quelques lignes sur le prêtre du Sacré-Cœur, et voici que j'en suis à la deuxième page; c'est que, mes enfans, je vous dis toutes mes impressions bien plus que je ne raisonne avec vous, et l'on maîtrise bien plus facilement le raisonnement que le sentiment. C'est que je cause avec mes enfans. Il se fait bien temps de finir; car il est tantôt trois heures après minuit. Je vais laisser encore un peu aller ma plume jusqu'à ce qu'elles soient sonnées, et puis je vous dirai adieu pour aujourd'hui, sans rémission. . . . .

J'ai empiété sur les droits de M. Péterson, dans ce chapitre ajouté à votre rhétorique. Il ne m'en voudra pas, j'espère; je le prie même de me servir de commentateur auprès de vous. Que de bonnes réflexions il aura à vous faire sur l'état actuel de la prédication, dans notre catholicisme et chez les différentes communions protestantes! Il fut un temps, à mon avis du moins, où la lutte se montra plus habile, où des hommes de plus haute taille se mesurèrent. Des Jurieu, des Bossuet, des Tilletson des Barrow, des Massillon, des Bourdaloue, des Mosheim et des Pascal, c'était l'époque des grands combats. L'indifférence n'était point alors une plaie profonde. On regardait ces sublimes athlètes; et, suivant la droiture de son cœur et la faveur de la grâce, ou les penchans mauvais et l'aveuglement de l'esprit, on prenait parti dans la grande querelle.

Aujourd'hui, il est vrai, la science est moins vaste, cela est évident; mais la vérité pourtant comme la goutte d'eau qui à la longue entame le granit, a frappé si long-temps, frappe encore avec tant de zèle et de foi l'édifice de l'hérésie et de l'incrédulité, qu'il semble véritablement chanceler plus que jamais sur sa base ébranlée. A moi, il me paraît qu'enfin de grands talens veulent surgir encore dans le catholicisme, ce principe de tout ce qui est grand, et qui, sans égaler les illustres noms que je viens de citer, n'en seront pas moins appelés à remplir aussi eux, une des grandes destinées de la foi du Christ. Dans cette France où je suis, mes enfans, les monumens de la science chrétienne sont, pour ainsi dire, exhumés à chaque heure de l'oubli où on les a laissés trop long-temps languir; soit pour satisfaire au besoin que nombre de bons esprits éprouvent de revenir au vrai, soit pour essayer leur vertu sur la masse qui a oublié sans avoir encore appris.

Un publiciste distingué, M. de Lourdoueix, un journaliste et écrivain célèbre, M. l'abbé de Genoude, l'un dans un ouvrage nerveux et plein de logique, l'autre dans un recueil des morceaux les plus forts qui aient été écrits par le passé sur les vérités du christianisme, que je vous envoie, secondent admirablement le mouvement généreux et l'ardeur religieuse de quelques orateurs politiques et de la généralité des orateurs de la chaire. Je viens de lire encore un ouvage solide d'un abbé Guillon, évêque de Maroc, *in partibus,* que je vous enverrai plus tard : le livre s'entend, et non l'évêque. C'est un contre-poison du *Laménisme*. Ce qui fait du bien, c'est qu'au milieu de cette foule bruyante et distraite, de ces milliers de chrétiens, de nom seulement, qui passent en courant devant la croix, il en est qui y jettent quelques uns de ces regards qui laissent une trace dans l'ame ; et il en est aussi, oui, il en est quelques uns de temps à autre, qui, subjugués par la grâce, osent se détacher avec courage du flot qui les veut entraîner, pour se prosterner, adorer et vivre d'une nouvelle vie, au pied du bois sacré.

Adieu, bien chers enfans; je reviendrai sur la religion de nos pères assez souvent avec vous, cette religion que nous aimerions comme persécutés peut-être, quand nous ne l'aimerions pas comme bons et fidèles croyans. Il serait possible que je vous parlasse dans ma prochaine lettre du haut clergé de Paris. Je fais tout mon possible pour connaître et apprécier l'enseignement des curés de cette grande capitale, dans leurs prônes du dimanche ou leurs sermons et conférences. Vous n'aurez les orateurs du Parlement français que plus tard.

Mes chers amis, parlez de moi au bon M. Péterson. . . . .
. . . .
. . . .
. . . .

Je vous embrasse et vous exhorte de toute la tendresse de mon cœur, à continuer de dire à la sagesse, avec l'Esprit-Saint : « Tu es ma meilleure amie, ma sœur [1]. »

C. Brew..... O'Cl.....r

---

[1] Proverb., chap. VII, v. 4.

NOTES.

Note A, page 16, ligne 24.

« Seul lieu de la France, etc. », c'est une erreur; la maison des Lazaristes possède aussi des prêtres versés dans ces langues que la science regrette de voir si faiblement enseignées dans l'Université de France.

Note B, page 34, ligne 15.

A la demande de Mme B. O'C., on a supprimé quelques lignes dans lesquelles il était question, très sommairement, de quelques ecclésiastiques prédicateurs, entre autres de M. T. Ol. du clergé de Saint-Louis-d'Antin; de M. le curé de l'Assomption; de M. Dupanloup qui s'est fait quelque réputation par des catéchismes de persévérance; de M. le premier vicaire de Saint-Eustache, de M. le curé des Missions.

Note C, page 42, ligne 4.

Parmi les passages que l'on a dû retrancher du corps de la lettre, dans la traduction, comme étant en dehors du sujet particulièrement traité par Mme O'Cl...r, il en est un qu'on regretterait de ne pas faire connaître. A des considérations d'intérêts purement privés, il est vrai, il joint une leçon de morale générale, qui, dans nos temps d'inquiétude, trouve malheureusement son application, par la faute de ces méprisables passions d'intérêt et de basse cupidité qui dormaient dans de mauvais cœurs, et que l'agitation fait éclore comme les miasmes infects qui surgissent au dessus des marais croupissans, quand la tempête vient troubler leurs paresseuses eaux.

•.......... Dans les temps d'orages où nous vivons, mêlés que nous sommes à nos orgueilleux ennemis, bien en petit nombre, il est vrai, mais forts du pouvoir qu'ils possèdent encore....... nous devons nous attendre à tout, mes chers enfans. Le resplendissant soleil de la liberté politique et religieuse se lève sur l'Irlande; son éclat perce, malgré leur épaisseur, au travers des brouillards étendus sur nous par la dure Angleterre; et voici pourquoi les petits tyrans, épars sur notre noble patrie, en ont les yeux tellement frappés, tellement blessés, à cause de leur mauvaise nature! Les purs rayons pénètrent en leurs ames, pour éclairer et leur montrer leur injustice; dans les nôtres, pour nous révéler la puissance du progrès social et de la raison chrétienne. De là, de leur part ces sourdes colères dont vous me parlez, ces rages concentrées que les figures trahissent. En vérité, vous voyant si bien au courant de ce qui se passe autour de vous, je m'étonne que vous soyez surpris des honteux moyens dont se servent nos ennemis pour inquiéter notre vertu. Je m'en étonnerais bien plus, mes bons, mes tendres amis, si je ne savais votre candeur et vos sentimens généreux..... Irlandais, laissez passer ces menaces d'incendies, ces regards tour à tour impertinens ou flatteurs, suivant les nouvelles reçues de Londres, ces trames se glissant dans l'ombre comme des esprits de ténèbres, surtout ces dégoûtans pamphlets, ces lettres non signées, expression la plus nette du cœur lâche, acier glacé qui frappe l'homme endormi [1], le plus horri-

---

[1] Those letters not signed, the strongest indicative of a cowardly heart, a cold blooded assassin who murders the man asleep.

ble des venins que la main hideuse de Satan puisse distiller sur des cœurs d'hommes : Irlandais, amis, enfans au noble cœur, laissez, laissez passer la colère de l'enfer; l'esprit de Dieu plane sur vos têtes........ : il nous garde des jours moins mauvais !.....

« Plus de calme, chers enfans, dans les premières luttes de votre jeune vie. Ce n'est pas avec un téméraire éclat que se brisent les fers de l'opprimé. La raison humaine marche; elle marche partout : sa formidable lenteur arrivera plus infailliblement au but que ne le pourraient faire les bataillons bardés de fer. Elle embrasse le monde; ne la voyez-vous pas qui de plus en plus le presse avec amour? Elle embrasse le monde, et c'est pour le présenter , oh ! bientôt, espérons-le, digne d'elle, digne de son auteur, entre ses bras triomphans, au seul culte qui puisse faire de l'humanité entière un peuple, une famille, une ame.

La misère de nos concitoyens vous arrache des larmes ; vous ne seriez pas mes fils, s'il en était autrement. Votre indignation, ajoutez-vous, James, est prête à éclater vingt fois le jour. Je n'oserais plus vous voir, ami, si je savais que vous eussiez compromis le sort de votre pays, parce qu'à dix-huit ans vous n'auriez su imposer un frein à votre langue, une barrière à vos passions. Nous sommes loin de vous; oh ! bien loin, cher enfant, et nous ne savons pas, dites-vous, ce qui se passe en vous recommandant la prudence. Vous êtes dans l'erreur : nous savons tout; nous saurions le jour du danger, s'il arrivait, et vos cœurs vous disent assez en quel lieu il nous trouverait [1]. Eh! que me parlez-

---

[1] Why do you speak to me of that vile piece of paper soiled by poisonous drops, the foul slaver fallen from the mouth of some serpent wearing a human shape ?

vous de ce misérable chiffon de papier sali de quelques gouttes de poison, bave impure échappée à la bouche de quelque serpent sous forme humaine? Pensez-vous donc que c'est à vous seul qu'a été réservé l'honneur de la première épreuve de semblables manœuvres? Pensez-vous que le papier n'a encore souffert de lâches outrages que pour vous? Non, non, mon fils, il y a longues années déjà que votre mère a vu s'enfoncer dans son sein, et se retirer sanglant, le poignard de la calomnie. Il y a longues années déjà; mais j'étais plus jeune encore que vous; mais je n'étais qu'une faible femme, moi, depuis que mes yeux se sont remplis de larmes à la vue des paroles tracées par une main impie pour troubler mon ame. Et pourquoi ne vous avouerais-je pas ma faiblesse, puisque j'en ai noblement triomphé? Oui, j'ai fait comme vous, James, j'ai pleuré; comme vous j'ai senti, pour la première fois, le désordre que peut jeter dans un cœur la colère et la haine. Je m'en souviens bien ; vos lignes ardentes m'en font revivre le souvenir[1] : il passait comme un fer rouge à travers mon front[2]. Ami, seule loin de mon père et de ma mère aussi, moi, mais plus malheureuse que vous... je ne devais plus les revoir!... dans la tour même où votre cœur a saigné, l'esclave de l'Anglais, oh honte qui ne saurait durer! Votre mère, elle a senti, en la froissant dans ses mains, la lettre outrageuse du lâche, le même frisson que lui aurait fait éprouver le glissement de la peau d'un serpent ; et, désolée, désespérée

[1] It shot like a red hot iron through my brain.

[2] Comparaison tirée d'une ancienne ballade écossaise, dans laquelle un jeune poète se plaint de persécutions qu'il n'a méritées que par une discrétion honorable, et parce qu'il n'a pas voulu compromettre la réputation d'un ami.

de ne pouvoir la confondre, cette lettre, elle se tordait la mère de James et de John, la fille des plus fiers Irlandais, elle se tordait sur sa couche, comme un enfant de pauvre femme dont le tyran a fait vendre les meubles à l'encan pour payer le tribut, comme cet enfant, au désespoir de ne plus pouvoir retirer du sein de sa mère, tari par la souffrance, le lait dont sa faim lui fait un si pressant besoin.

« Est-ce assez, mes fils? Le remède à vos peines, l'avez-maintenant ? . . . .

« Je me suis consolée, parce que j'ai mieux connu plus tard l'humanité : vivez encore un peu, et vous ferez comme moi. En blessant, ah ! croyez-le bien, le méchant reçoit aussi lui, son coup fatal. Il a servi je ne sais quelle haine de sa nature dégradée ; mais aussitôt le remords, comme un plomb dur, pèse sur sa poitrine; la nuit il pèse encore, l'écrase de rêves effrayans, l'étouffe dans son sommeil ; le temps coule, il pèse toujours, toujours davantage.

« Et l'homme, simplement droit et honnête, il souffre quelques mois l'injustice, mais il se console; parce qu'il justifie en quelque sorte le mal qu'on lui a fait par l'erreur du méchant, par l'impossibilité où il est de le comprendre; parce qu'il ne peut long-temps haïr.

« Et le chrétien! le chrétien tel que vous le connaissez dans votre digne père, ou tel que nous le peint cet admirable Lacordaire dont je vous ai entretenu, le chrétien du livre dans lequel je vous ai appris à lire : l'Évangile ! celui-là, il jette en passant un regard de compassion sur l'auteur du mal qu'il souffre ; il lève les yeux au ciel, prie quelques paroles d'ardente charité, et puis ensuite... enfans, il passe sa main sur son front, et il le trouve rafraîchi; il appuie sa main sur son cœur, et ne le trouve pas battant plus fort que de coutume. C'est qu'il est puissant, le chrétien, avec sa foi et sa prière, entendez-vous !...............

« Sur toute chose, me dit votre père en ce moment: dites à nos enfans qu'il est des douleurs que la fièrté défend de montrer à un ennemi....... »

Il n'est pas un lecteur, on le pense, qui n'eût su mauvais gré au traducteur de la lettre de Mme Brew O'Cl.....r de l'avoir privé d'un fragment si honorable, sous le rapport des sentimens qui l'ont inspiré, et si beau de verve, de style et de talent. Malheureusement il a fallu le faire passer par l'épreuve de la traduction.

Note D, page 33, ligne 16.

Chaque conférence de M. l'abbé Lacordaire ajoute à l'enthousiasme bien légitime de ses auditeurs. Celle du dimanche 22 a produit un effet au moins égal à celui des précédens : la question de *l'infaillibilité de l'Eglise* a été traitée par le jeune orateur avec une vigueur de raisonnement qui ne donnait pas à l'auditeur le temps de prendre haleine. Il l'entraînait dans la voie de cette vérité fondamentale plutôt qu'il ne l'y conduisait.

Jamais, peut-être, en France, l'éloquence sacrée ou profane n'a vu se presser, pour l'entendre, une jeunesse plus nombreuse et plus ardente. Jamais, en quittant un orateur, on n'a vu plus d'unanimité dans les éloges ! Il faut, le dimanche, à Notre-Dame, avoir sa place trois heures à l'avance. Nous avons entendu, nous personnellement, dans un des salons les plus connus de Paris par sa société de savans et de littérateurs distingués, les hommages les moins suspects sortir de toutes les bouches. On ne parlait que de la conférence sur *l'infaillibilité de l'Eglise*, à laquelle presque tout ce qui était là avait assisté. On se promettait d'y retourner. C'est un succès aussi rare que doux. Ce prêtre a une haute mission à remplir. *(Notes du T.)*

www.ingramcontent.com/pod-product-compliance
Lightning Source LLC
LaVergne TN
LVHW020047090426
835510LV00040B/1455